AF382230

APPLE

La empresa a la vanguardia de la tecnología

Por Ariane de Saeger
Traducido por Laura Bernal Martín

Economía y empresa **50MINUTOS**.es

LAS CLAVES PARA EL ÉXITO

www.50minutos.es

APPLE: «THINK DIFFERENT»

Apple, el gigante de la informática para el que ya no hacen falta presentaciones porque sus productos se han vuelto emblemáticos, no deja de fascinar por su éxito y por la verdadera cultura que ha creado en torno a su marca. Desde el Macintosh al iPad, pasando por el iPod o el iPhone, la firma californiana continúa sorprendiendo y suscitando admiración. En un mundo cada vez más tecnológico y digital, Apple es en la actualidad una de las empresas más valoradas del planeta.

Pero, ¿cómo ha llegado ahí? ¿Cuán decisiva fue la personalidad de sus fundadores y, en particular, de Steve Jobs? ¿Con qué empezaron? ¿Qué estrategia han puesto en marcha año tras año para alcanzar los éxitos que la empresa está experimentando hoy en día? Porque los competidores directos son numerosos: Samsung, Amazon, Google, Microsoft, Hewlett-Packard o Sony, por nombrar solo algunos, están luchando duramente por mantener o aumentar sus participaciones en la industria informática y tecnológica, así que, ¿qué es lo que los diferencia de Apple? Esta guía te ayudará a descubrirlo en un tiempo récord.

- **¿Fundadores?** Los estadounidenses Steve Jobs (informático, 21 años), Steve Wozniak (informático, 26 años) y Ronald Wayne (diseñador industrial, 41 años).
- **¿Fecha de creación?** El contrato de asociación se firma el 1 de abril de 1976 en Cupertino, California (Estados Unidos), pero la empresa se crea el 3 de enero de 1977.
- **¿Lanzamiento comercial?** Aunque los primeros productos de Apple (Apple I) se venden a partir de mayo de 1976, habrá que esperar al lanzamiento del Apple II el 17 de abril de 1977 para que la actividad comercial de la empresa se intensifique de verdad.
- **¿Sector de actividad?** Informática y electrónica.

- **¿Datos clave?**
  - 2004: 8 mil millones de dólares de volumen de negocio.
  - 2006: 25 millones de aparatos electrónicos vendidos.
  - 2012: 156 mil millones de dólares de volumen de negocio anual.
  - 2013: 800 millones de aparatos electrónicos vendidos y 170,9 mil millones de dólares de volumen de negocio anual.
  - 2014: 182,80 mil millones de dólares de volumen de negocio.
  - 2015: 233,715 mil millones de dólares de volumen de negocio, lo que representa un aumento del 27,85 % con relación al año precedente. Por su parte, el beneficio aumenta en un 35,14 %.

INICIOS: UNA ALQUIMIA GANADORA

UN CONTEXTO FAVORABLE

A principios de los años setenta, cuando el mundo está a punto de entrar en una grave crisis económica tras la guerra de Yom Kipur y la crisis del petróleo de 1973, tiene lugar una reunión decisiva en Cupertino (California) entre dos jóvenes y ambiciosos informáticos, Steve Wozniak (nacido en 1950) y Steve Jobs (1955-2011). ¿Su sueño? Crear y comercializar un ordenador fácil de entender y de usar.

En ese momento, la industria informática y electrónica está en auge en los Estados Unidos. En 1958, el microchip —o circuito integrado—, creado de forma independiente pero simultánea por los estadounidenses Robert Noyce (cofundador de Intel, 1927-1990) y Jack Kilby (ingeniero electrónico, 1923-2005), da lugar a la tercera generación de ordenadores y suscita un interés general por la informática, con un impacto positivo considerable en la economía estadounidense.

Posteriormente, el mercado se beneficia de la invención del microprocesador por Marcian Hoff (nacido en 1937), un ingeniero de Intel, en 1971. Esta creación es la base para el desarrollo de los primeros microordenadores, más conocidos como ordenadores personales. Sin embargo, estos siempre se limitan a un uso profesional o científico y requieren unos ciertos conocimientos informáticos.

PALABRAS CLAVE

- <u>Circuito integrado o microchip</u>: circuito de reducidas dimensiones que reúne en un solo bloque varios componentes electrónicos. Esta invención puede cumplir una o varias funciones más o menos complejas, como almacenar información o realizar operaciones matemáticas.
- <u>Microprocesador</u>: circuito integrado complejo que comprende todos los componentes de un procesador, el órgano que ejecuta las instrucciones de los programas informáticos.

EL *HIPPIE* DESCUIDADO Y EL INFOR-MÁTICO INGENIOSO

Steve Jobs y Steve Wozniak son dos jóvenes informáticos que se conocen en 1971. Su amistad se materializa rápidamente en torno a un invento de Wozniak, la bluebox, una máquina que permite a sus usuarios acceder ilegalmente a servicios telefónicos. Es a Jobs a quien se le ocurre empezar a comercializarlo. Ya se observa la manera en la que, en términos generales, ambos trabajan: Wozniak se dedica a la invención y a la creación de productos, mientras que Jobs se enfoca en el márquetin.

La combinación de los conocimientos electrónicos y matemáticos de uno con las habilidades comerciales del otro es lo que les lleva a decidir crear un ordenador de uso más agradable que los pocos dispositivos ofrecidos en la época. Aunque la idea está en el aire por un tiempo —varios aficionados entusiastas están tratando de crear su propio sistema, a veces también con el objetivo de democratizar la informática—, los dos Steve se las arreglan para formar la alquimia ganadora en la realización de su proyecto. Al igual que en el caso de la bluebox, Jobs reconoce el potencial del mercado para un producto de este tipo, y Wozniak lo diseña.

Aunque la empresa Apple Computer Inc. se funda en enero de 1977, es necesario remontarse unos meses atrás para entender las ambiciones de los dos jóvenes fundadores. En realidad, la historia comienza en 1976, cuando Woz termina de confeccionar su primer producto, el Apple I (o Apple BASIC). Al mismo tiempo, Jobs obtiene un primer pedido de 50 unidades montadas (cada una por 500 dólares) del distribuidor estadounidense Paul Terrel.

Ron Wayne (nacido en 1934) se unirá a ellos durante un tiempo (solo doce días), ya que no confía demasiado en el proyecto. Acabará vendiendo sus acciones a los cofundadores por el módico precio de 800 dólares, desconociendo el prometedor futuro que le espera a Apple.

> «Steve y Steve tenían su proyecto. Querían cambiar el mundo a su manera. Yo quería cambiar el mundo a la mía»[1] (Wayne en Facebook 2012).

---

1. Cita traducida por 50Minutos.es

Se venderán 200 ejemplares de este primer modelo de ordenador personal, a un precio de 666,66 dólares. En ese momento, el empresario Mike Markkula (nacido en 1942) ve en Apple un potencial de crecimiento y se convierte en su mayor accionista al invertir 92 000 dólares en la empresa. Esto anima al Bank of America a prestar a los dos Steves 250 000 dólares.

DESARROLLO DE APPLE

Primeros éxitos y fracasos

Con los pocos beneficios generados por las limitadas ventas del Apple I, la empresa logra convencer a sus primeros inversores y mantener el impulso.

El Apple II, el primer ordenador personal de consumo, sale a la venta en 1977 y cosecha un éxito inmediato, vendiendo 2 millones de ejemplares. En primer lugar, causa furor entre los apasionados por la informática, pero luego entra en el mercado mundial profesional. Allí realizará la mayor parte de sus ventas, sobre todo gracias a la integración de la tecnología Disk II Drive (que permite almacenar más datos) y VisiCalc (primer programa de hojas de cálculo para uso contable y comercial disponible solo en Apple). El Apple II se desarrollará en los años ochenta y se comercializará hasta 1993. Los precios de venta oscilan entre los 1298 y los 2638 dólares, dependiendo de la mayor o menor capacidad de almacenamiento.

Durante ese mismo momento, Rob Janoff, empleado en la agencia de publicidad Regis McKenna, crea el logo en forma de manzana y con los colores del arcoíris. Se utilizará hasta 1998, cuando se vuelve monocromo.

Durante los años ochenta, la crisis económica de los países industrializados empeora: las tecnologías revolucionan el panorama, las empresas ven cómo sus beneficios disminuyen y el desempleo aumenta drásticamente. La competencia en el mercado de la informática, por su parte, está experimentando un fuerte aumento: la empresa Microsoft (fundada en 1975 por Bill Gates, nacido en 1955, y por Paul Allen, nacido en 1953) está colaborando con IBM (creada en 1911) —entonces el líder del sector— para contrarrestar a Apple. Como resultado de esta asociación, Microsoft ve cómo su influencia crece gradualmente.

En paralelo al aspecto competitivo, algunos productos no tendrán el éxito esperado:

- el Apple III lanzado en 1980 no convence a los usuarios de la marca. Los defectos provocados por su diseño particular (sin ventiladores) provocan averías recurrentes, que son sinónimo de una desconfianza gradual por parte de los consumidores. Esto da lugar cuatro años más tarde a un cese inevitable de la comercialización.

- En 1983, después de una inspiradora visita al Xerox PARC (un centro de investigación en informática), Steve Jobs y John Sculley (director general de Apple entre 1983 y 1993), recientemente contratado, desarrollan el Apple Lisa (nombrado así por su hija Lisa Brennan-Jobs). Este es el primer ordenador con interfaz gráfica y ratón. Aunque el eslogan de la campaña publicitaria de lanzamiento reza que Apple sigue reinventando el ordenador personal, el precio es demasiado elevado (9995 dólares) y tan solo se venderán 11 000 unidades.

La interfaz gráfica se opone a la interfaz de línea de comandos, que proporciona comunicación con el ordenador basada en texto y no en pictogramas.

- *Software*: conjunto de programas, secuencias e instrucciones que permiten el procesamiento de datos al tiempo que garantizan el correcto funcionamiento del sistema informático.
- Sistema operativo: conjunto de programas que permiten el funcionamiento y el uso de dispositivos electrónicos. Los ordenadores, teléfonos inteligentes, tabletas digitales o teléfonos móviles están equipados con un sistema diferente dependiendo de la marca que los produzca.
  - Android: sistema operativo desarrollado por Google.
  - Mac OS: sistema operativo desarrollado por Apple.
  - Windows: sistema operativo desarrollado por Microsoft.

Salida a bolsa

El 12 de diciembre de 1980, Apple prueba suerte:

aunque acaba de sufrir el fracaso comercial del Apple III, sale a bolsa. El precio de apertura es de 22 dólares por acción. En cuestión de minutos, se venden los 4,6 millones de acciones, lo que valora a la empresa en 1778 mil millones de dólares. Este espectacular acontecimiento convierte a una decena de empleados menores de treinta años —que poseían acciones en la compañía—en millonarios.

Del Macintosh al iMac

A partir de 1983, Apple desarrolla la serie Macintosh. Iniciado por Jef Raskin (1943-2005), el Macintosh se convierte rápidamente en el proyecto de Steve Jobs, cuyo liderazgo es cada vez más pronunciado. Aunque la tecnología desplegada en este nuevo modelo es idéntica a la del Lisa, su éxito comercial es inigualable: la marca despierta admiración y cada vez son más los aficionados que se unen a su causa. El Macintosh, que se comercializa al mismo tiempo que el Apple II, que aún genera algunos ingresos, se convierte rápidamente en el producto insignia de Apple. Es la primera de una larga serie de futuras versiones optimizadas, ahora conocidas como iMac.

| Macintosh 128K, lanzado en enero de 1984.

El primer modelo iMac (iMac G3), que se entrega con teclado y ratón, alcanza los 6 millones de ejemplares vendidos en todo el mundo y provoca un impacto en la industria informática: el diseño y la estética están ahora en el centro de la estrategia del producto. Su forma redondeada, su teclado y su pantalla del mismo tamaño y color se adaptan perfectamente al mundo entero en un abrir y cerrar de ojos. ¡Y esto no es más que el principio! Comercializado de 1998 a 2003, será rápidamente seguido por el iMac G4 tipo girasol.

Este nuevo modelo, comercializado entre 2002 y 2004, se diferencia de su pariente en términos de potencia y diseño, ya que tiene una calidad superior. El modelo de gama alta tiene incluso una grabadora de CD y DVD. En 2004, el iMac sigue evolucionando y aparece el G5, que es aún más compacto que las versiones anteriores. La pantalla plana de tan solo 5 cm de grosor, que se apoya en un pequeño soporte, permite ajustar el ordenador verticalmente según las necesidades del usuario.

| iMac G5, lanzado en septiembre de 2004.

De los desarrollos más recientes y destacados de Apple en ordenadores, podemos recordar:

* el lanzamiento del MacBook Air en 2008, considerado el ordenador portátil más fino del mundo (entre 4 y 19,4 mm para un peso récord de 1,36 kg);
* el lanzamiento del iMac Aluminium en 2009, que es una actualización de los anteriores

iMac;

* la integración de la pantalla Retina en 2012, que ofrece comodidad visual HD.

La marcha de Steve Jobs

En 1985, Steve Wozniak dimite. Por otro lado, la caída en las ventas de Apple y las discrepancias entre la visión de Steve Jobs y la de los otros ejecutivos lleva a John Sculley a tomar una decisión. Esta tendrá graves consecuencias para la empresa, ya que se le retira al ingenioso líder toda la responsabilidad operativa. Esta medida acelera la salida de Steve Jobs, que pronto se embarca en otros proyectos.

PIXAR Y NEXT

En 1986, Jobs invierte y compra la división gráfica de Lucasfilm, cambiando el nombre de su compañía a «Pixar». El producto revolucionario de la empresa es el Pixar Image Computer, un ordenador destinado a la concepción gráfica. El ordenador, muy costoso (135 000 dólares), está dirigido a un público objetivo específico: la investigación médica y los laboratorios gubernamentales.

También interesará a Disney por el aspecto de animación. Jobs venderá Pixar al gigante del cine de animación en 2006, sacando sobre una inversión inicial de 10 millones de dólares un beneficio de 7 mil millones de dólares.

Al mismo tiempo, Steve Jobs lanza su propia compañía de informática, NeXT, cuyo principal objetivo es desarrollar ordenadores para la educación escolar y universitaria. La empresa desarrolla, entre otros, el sistema operativo NeXTSTEP, que será reutilizado por Apple unos años más tarde, cuando ambas empresas se fusionen.

John Sculley fracasa en su misión de revitalizar Apple, cuyos números se estancan y caen. A pesar de los esfuerzos de la compañía para desarrollar nuevas estrategias y conceptualizar productos innovadores —como el PowerBook (1991), un portátil diseñado para profesionales—, Apple no logra enderezar la situación. Durante la década de 1990, la empresa se asocia incluso con IBM y Motorola para ofrecer un nuevo estándar para los ordenadores personales.

De 1985 a 1996, Apple lanza un producto tras otro (reproductores de CD, consolas de videojuegos y televisores), pero no hay nada que hacer: la empresa pierde una importante cuota de mercado en comparación con sus competidores. El sistema operativo Windows 95 compatible con los productos IBM es uno de los principales contribuyentes a este lento descenso hacia los infiernos: en tan solo cinco semanas, se distribuyen 3 millones de unidades, lo que es enorme en comparación con las ventas anuales de Apple de 4,5 millones de unidades.

Sculley deja Apple en 1993. En 1996, la empresa, que busca un nuevo sistema operativo, compra NeXT por 427 millones. Steve Jobs regresa primero como asesor y, en 1997, se hace cargo de la compañía.

El renacimiento de Apple

Apple se recupera lentamente, mientras que Steve Jobs decide expandir su mercado. El día después de su regreso, comienza a poner orden en los asuntos de su compañía:

• se interrumpen los proyectos que consideran

no rentables;
- firma una sorprendente asociación de cinco años con Microsoft, que promete pagarle 150 millones a cambio del desarrollo de su suite Office para Mac;
- Internet Explorer se convierte en el navegador web predeterminado de la marca comercial. Sin embargo, los usuarios siempre pueden optar por modificarlo;
- el diseñador industrial Jonathan Ive (nacido en 1967) es el responsable de rediseñar el producto para que combine sencillez y elegancia. El colorido y atractivo proyecto final acaba convenciendo al famoso director general.

Productos que destacan

Al diversificarse, Apple se centra principalmente en el desarrollo de cuatro nuevos productos electrónicos. Cada uno de ellos tendrá en su momento un gran éxito: el iPod, el reproductor multimedia iTunes, el iPhone y el iPad. En 2015, la marca también anuncia el lanzamiento del Apple Watch, su reloj conectado.

| iPod Classic, originalmente lanzado bajo el simple nombre de iPod en octubre de 2001.

El iPod, comercializado por la empresa Apple desde 2001, es un reproductor digital. Evoluciona con el paso de los años, aumentando espacio de almacenamiento e incorporando nuevas funcionalidades o diseños mejor adaptados a sus distintos usos. Aunque ya es una revolución en sí mismo, el iPod se beneficia de la llegada de iTunes en 2003, que hace que las ventas se disparen. En diez años, se adquieren casi 300 millones de unidades. En agosto de 2015, el iPod es el reproductor digital más vendido del mundo.

Como parte del movimiento de los teléfonos inteligentes o *smartphones*, el primer iPhone aterriza finalmente en 2007 en el mercado de la telefonía. Al igual que el iMac o el iPod antes que él, sufre muchas transformaciones que buscan un diseño cada vez más exclusivo y una potencia sin igual. Reagrupa en sí mismo distintas funcionalidades:

- de un teléfono móvil (llamada, SMS, MMS, correo de voz visual —servicio que permite visualizar el número de mensajes que hay en el buzón de voz, así como el nombre de las personas que llaman—, etc.);
- de una cámara digital;
- de un reproductor de música;
- y de un navegador web. Obsérvese que la primera versión no está equipada con 3G (acrónimo para la tercera generación de estándares de telefonía móvil, en el mercado desde 2006).

Pero la verdadera revolución es la pantalla táctil *multitouch* («multitáctil») que permite interactuar con el dispositivo a través de uno o más puntos táctiles.

| iPhone de primera generación, lanzado el 29 de junio de 2007.

Este avance tecnológico, integrado por primera vez en un dispositivo móvil, marca el inicio de una nueva era para la telefonía. Por otra parte, el iPhone se describe en la revista *Time* como el «mejor invento del 2007» (Clarin 2007). El éxito de este teléfono inteligente nunca se ha negado desde su lanzamiento y se reanuda cada vez que se lanza una nueva versión. El iPhone 6 vendió aproximadamente 10 millones de ejemplares en tres días (en septiembre del año 2014).

En lo que respecta al iPad, la tableta táctil electrónica desarrollada por Apple, se presenta por primera vez el 27 de enero de 2010. A medio de camino entre el iPhone y el iMac, el iPad también se beneficia de la tecnología multitáctil y está especialmente orientado a los elementos multimedia (libros, periódicos, películas, música, juegos, etc.). Además, las versiones posteriores mejoran el producto inicial. Los desarrollos incluyen la integración de la pantalla Retina, el tamaño (el usuario también puede elegir el formato mini o pro, que es más grande), el peso o la capacidad de almacenamiento.

Cuando se anunció la salida al mercado del iPad hubo muchos escépticos (medios de comunicación, competidores y hasta el propio Jobs). Sin embargo, el resultado es sorprendente: durante el primer fin de semana posterior al lanzamiento del producto se venden 300 000 tabletas. Después de la implementación del wifi y de la 3G, las ventas se triplican y el número de dispositivos vendidos alcanza el millón. Mientras que el iPhone tarda 74 días en alcanzar esta cifra, el iPad solo necesita 28 días. Una vez más, los números hablan por sí mismos: Apple ha logrado situar su nueva máquina en lo más alto de la clasificación mundial.

La muerte de Steve Jobs

Tras un tumor pancreático, Steve Jobs dimite en agosto de 2011 y fallece el 5 de octubre del mismo año a los 56 años. En ese momento, los beneficios de Apple son más importantes que nunca.

ESTRATEGIA Y VISIÓN

La posición de Apple como líder mundial, tanto desde el punto de vista tecnológico e informático como desde el de los negocios (volumen de negocio y generación de beneficios), se debe sin duda alguna a Steve Jobs y a su increíble estrategia global.

Steve Jobs, un extraordinario fundador

Solo después de su muerte comienza un verdadero interés por Steve Jobs. A lo largo de la historia de Apple, las evoluciones muestran claras diferencias entre períodos con o sin él. Es difícil describir con palabras a un hombre tan singular.

En un artículo publicado en el 2000 en la *Harvard Business Review*, el psicoterapeuta estadounidense Michael Maccoby (nacido en 1933) habla de él como un «narcisista productivo» (Lashinsky 2012) que a veces humillaba a sus empleados o trataba a los demás (empresarios o empleados) de «memo[s]/héroe[s]» (*ib.*).

La aportación de Jobs es triple:

- contribuye al lado artístico y de diseño de Apple, una característica distintiva en comparación con sus competidores, que favorecen el aspecto productivo;
- su paranoia permite a la empresa mantener un cierto misterio en torno al lanzamiento de sus nuevos productos;
- finalmente, como el verdadero visionario que es, crea lo que otros no pueden ver.

Aunque Jobs era exigente y severo, también sabía reconocer una buena idea. La mayoría de sus empleados admiraba la imparcialidad y la capacidad de su director para tomar las decisiones adecuadas, para identificar lo que es probable que pueda interesar al consumidor y lo que no.

La estrategia global de Apple

«Byte into an Apple» (primer eslogan de Apple).

Originalmente, los fundadores se centran en la innovación y quieren comercializar un producto que en ese momento no está disponible en el mercado: ordenadores personales fáciles de usar para los no iniciados. Aunque el ordenador personal ya existe, sigue siendo el coto reservado de expertos en informática que lo utilizan únicamente de manera profesional.

A partir de 1997 —es decir, a partir del regreso de Steve Jobs—, la estrategia global de Apple gira en torno a dos aspectos principales.

En primer lugar, en lo que a comunicación se refiere se impone el lema «Think Different» («Piensa diferente»). Aunque la página web de la empresa destaca los valores del respeto por el medio ambiente, la accesibilidad y la privacidad, Apple valora sobre todo la innovación y la diferencia, algo que el eslogan de la campaña publicitaria de 1997 sitúa en el centro de su estrategia global.

> «[...] Mientras algunos les ven como los locos, nosotros vemos genios. Porque la gente que está lo suficientemente loca como para pensar que puede cambiar el mundo son los que logran hacerlo» (Jobs en Escobar 2012).

Esta política de la diferencia se expresa a través de los siguientes puntos:

- la calidad tiene prioridad sobre la amplitud de la gama de productos comercializados;
- la garantía de un sistema operativo potente y de gama alta;
- un diseño depurado y elegante que supera con creces a la competencia;
- una evolución constante para satisfacer al cliente lo mejor posible.

Apple ha trasladado el discurso comercial —centrado inicialmente en el producto— a un mensaje enfocado a los valores de la empresa. A través de esta publicidad ha forjado una visión que ha logrado transmitir o incluso imponer a sus millones de seguidores este gusto y esta necesidad de diferenciación.

La segunda característica importante de la estrategia de Apple es que nutre la llamada cultura o culto al secreto. De hecho, es una de las empresas tecnológicas más silenciosas y confidenciales del mundo. El misterio sobre el desarrollo de sus nuevos productos no solo se cierne sobre los usuarios, sino también sobre los empleados de la empresa, a los que se les impone una discreción absoluta aunque ni siquiera suelen saber cuál es el producto final sobre el que trabajan. Parece ser que si se sospecha que un empleado se ha ido de la lengua, puede ser objeto de una investigación más profunda.

Son varios los ejemplos que confirman este culto al secreto:

- los pocos datos comunicados sobre el estado de salud de Steve Jobs al final de su vida;
- un desarrollador de iPad que dice haber trabajado con otros tres empleados en una sala sin ventanas, con acceso reservado solo a ellos, con las entradas y salidas contadas, y con una prohibición total de hablar del proyecto a cualquiera, incluida a su esposa (Laporte 2011);
- equipos pequeños y separados para grandes proyectos;
- barreras invisibles (amenazas de demandas, despido, etc.) y barreras físicas para evitar cual-

quier filtración de información relativa al producto o productos en proceso de fabricación;
• etc.

Alrededor de estos dos puntos principales se articulan otros instrumentos estratégicos, que se resumen en los siguientes cuadros.

Estrategia global de Apple

<table>
<tr><td>Estrategia de márquetin</td></tr>
<tr><td>

• **El márquetin de la exclusividad:** Apple sabe perfectamente qué hacer para crear una adicción en los consumidores, haciéndoles pensar que forman parte de esos pocos afortunados que tienen la suerte de tener acceso a sus productos. Esta técnica de márquetin necesita sobre todo que se fije un precio elevado en comparación con los productos similares de la competencia. Así, se dirige en prioridad a una minoría de apasionados por la marca o a gente con un alto poder adquisitivo. A continuación, este precio de salida excesivo puede disminuirse poco a poco, permitiendo así garantizar la continuidad de las ventas al tiempo que el consumidor mantiene la sensación de exclusividad.

</td></tr>
</table>

- **Un discurso centrado en los valores:** más allá de la promoción de un producto en concreto, lo que Apple vende en su publicidad es su marca. La empresa quiere fidelizar al consumidor haciendo que forme parte de una visión y de unos valores.

- **La cultura del secreto:** mientras que la competencia anuncia el lanzamiento de un producto con un mes de antelación, Apple hace todo lo contrario. No se desvela nada antes del día del lanzamiento al mercado. Esta cultura del secreto es una de las principales claves del éxito de Apple. Esta estrategia nos lleva a la siguiente.

- **El márquetin del deseo:** Apple es una de las marcas más deseadas del mundo. La estrategia, que existe desde los años setenta, se enfoca en que, a pesar de que la competencia tenga una oferta similar, un producto o una marca sea el preferido y más deseado. Esta estratagema, simple y eficaz, despierta la curiosidad del consumidor, sobre todo cuando se le dice que Apple es «different».

Estrategia global de Apple (continuación)

Estrategia industrial

- **La cultura del secreto:** los creadores y desarrolladores del producto se mantienen a sí mismos en secreto. De hecho, Steve Jobs llevaba a cabo estrategias de gestión y de márquetin estrechamente ligadas: por ejemplo, procuraba que cada jefe de proyectos trabajara solo sobre una parte del futuro producto. Así, se aseguraba de que ningún miembro —ni tan siquiera los jefes de proyecto— tuviera acceso al producto final, que solo conocía un equipo de supervisión muy reducido.

- **Productos de alta gama adaptados a los distintos usos y de una calidad excepcional:** para Apple, lo importante no es llegar el primero al mercado, sino ser el mejor y mantenerse en él. Su lema «diferente» se aplica a los productos existentes en el mercado, pero cuya calidad puede mejorarse, a la optimización del uso, a un diseño pulido y cuidado y a funcionalidades adaptadas al usuario.

Estrategia industrial

- **La escasez de recursos:** en vista del éxito cosechado por los productos Apple en el mercado, la empresa puede permitirse la producción en masa con la garantía de que los ejemplares se venderán. Esto significa que a Apple no le da miedo hacerse constantemente con los recursos necesarios para la fabricación de aparatos electrónicos, dejando poco para sus competidores. Así, al tiempo que responde a la demanda de sus clientes, Apple limita el acceso a recursos que podrían permitirle a sus competidores responder, garantizando una fuerte ventaja competitiva. Este fue especialmente el caso cuando llegaron las pantallas táctiles multitouch. Al lanzar uno tras otro el iPhone, el iPod Touch y después el iPad, la empresa con sede en Cupertino emplea una gran parte de los recursos disponibles, haciendo que sus rivales potenciales tengan problemas para conseguir estos recursos y, por tanto, para competir con Apple.

APPLE EN LA ACTUALIDAD

Si bien las cifras y los resultados parecen irreales, en 2014:

- Apple obtiene un beneficio equivalente al PIB de Hong Kong (China);
- Apple vende 74,5 millones de iPhones en el último trimestre, es decir, 34 000 unidades por hora. Esta cifra supera el número de habitantes de Gran Bretaña;
- los ingresos totales de la compañía se estiman en 74,6 mil millones de dólares estadounidenses;
- las ganancias trimestrales alcanzan los 18 mil millones de dólares, lo que equivale al 25 % de la fortuna del hombre más rico del mundo, Bill Gates (cofundador de Microsoft);
- Apple puede permitirse el lujo de comprar

cualquier empresa de tecnología en efectivo;

- si el iPhone fuera una empresa, tendría un volumen de negocio igual al de Amazon o al de Coca-Cola y McDonald's juntos;
- el beneficio de Apple en 2014 le permitiría comprar las siguientes tres aplicaciones a la vez: Snapchat, Pinterest y Airbnb.

APPLE, UN TEMIBLE COMPETIDOR

En agosto de 2015, la empresa con sede en Cupertino es considerada la empresa tecnológica líder mundial: su volumen de negocio (187,29 mil millones de dólares) supera con creces el de Microsoft (93,58 mil millones de dólares), su principal competidor histórico, que sin embargo le había salvado la vida quince años atrás.

Pero, ¿cuál es el secreto de Apple, que no parece decidido a frenar su ritmo de crecimiento ni un ápice? Tim Bajarin (nacido en 1950), presidente de Creative Strategies Inc. (una empresa de consultoría tecnológica y de análisis de mercado) y experto en ciclos de adopción de tecnología, ofrece en 2012 algunas perspectivas interesantes sobre lo que convierte a Apple en un temible rival para sus competidores. Identifica seis indicadores o palancas de éxito (Bajarin 2012).

Las fuerzas de Apple según Bajarin

La atracción del creador por su producto. Bajarin plantea la hipótesis de que toda empresa de tecnología desarrolla su producto en torno al aspecto tecnológico en primer lugar, y después al uso que la gente quiere darle. Los ingenieros y los diseñadores están tan deslumbrados por la tecnología en sí misma que olvidan preguntarse a acerca de su uso. En este sentido, el enfoque de Apple es completamente diferente. Los creadores de los productos Apple, con Steve Jobs a la cabeza, son en realidad los primeros compradores y usuarios: son los principales admiradores de la marca.

La atención al cliente. No es de sorprender que la calidad de un servicio de postventa sea un factor de éxito para cualquier empresa. Sin embargo, en Apple se insiste especialmente en este factor. Steve Jobs entendió que incluso aunque un producto fuera fácil de usar, la complejidad radica en los motivos por los que la gente lo usa. Por eso es normal que necesiten que se les eche una mano.

La excelencia. Apple solo crea productos en los que cree que destacará. La empresa no es experta en crear o innovar con productos absolutamente inéditos: exceptuando el ordenador personal, no hace más que trabajar productos ya existentes, como el MP3, el teléfono inteligente o la tableta. Estos últimos ya estaban en el mercado en la época, y lo único que Apple hizo fue mejorarlos. Un diseñador de Apple afirma acertadamente que si no pueden mejorar un producto existente, no lo hacen.

«Keep it simple» («Mantén la sencillez»). Apple siempre ha conseguido tener tan solo un modelo en venta de cada producto. Por ejemplo, solo propone un modelo de iPhone en las tiendas. Esta decisión de márquetin central facilita el proceso de toma de decisiones por parte del consumidor, que a veces tiene que elegir entre decenas de modelos —o más— dependiendo de las marcas. Durante los últimos treinta años se han llevado a cabo investigaciones sobre el comportamiento de los consumidores que han demostrado que, aunque el consumidor medio aprecia la diversidad, lo que más le gusta cuando compra un producto tecnológico es que se le ayude en su proceso de decisión.

Un paso por delante. Apple siempre ha procurado situarse por delante de sus competidores: mientras que estos últimos proponen productos competitivos en el mercado, Apple ya lleva dos años trabajando en ellos.

Sin embargo, es necesario matizar el éxito de Apple. No nos confundamos: todo es interpretable y las cifras dependen del indicador elegido para medir el rendimiento de un producto. Por lo tanto, aunque Android te haga pensar que es el gran ganador de la competición comercial existente entre los grandes actores en tecnología, en realidad podemos evaluar este resultado según dos criterios:

- la cuota de mercado (en la que Android sale ganando);
- o la ganancia registrada (en la que iOS sale ganando).

El análisis de Bajarin también se ve confirmado por el del profesor de la Universidad de Long Island, Panos Mourdoukoutas, que demuestra claramente que la estrategia de Steve Jobs es crear y desarrollar un producto nuevo e innovador, una mezcla de diseño y tecnología que atraiga inmediatamente al consumidor con su facilidad de uso.

APPLE, ¿LÍDER EN SU SECTOR?

Si analizamos los diversos productos lanzados al mercado en los últimos años, podemos observar que Apple ya no parece tan inventivo como al principio. La empresa parece estar incluso atrasada en términos de innovación. De hecho, aparte del Macintosh de la época, y tal vez del hecho de ser el primero en haber integrado la tecnología multitáctil en un dispositivo móvil, Apple no cuenta con ninguna otra verdadera invención.

En 2014 y 2015, la compañía lanza tres nuevos productos con un diseño y una estética de lujo: el iPhone 6, el iPhone 6 Plus y el Apple Watch. Y lo que es aún más impresionante: anuncia su entrada en el mercado de los pagos móviles con Apple Pay. Este servicio permite a los usuarios virtualizar su tarjeta de crédito y pagar por sus compras acercando simplemente su iPhone o su Apple Watch al escáner del vendedor. Pero lo que parece una novedad es enseguida objeto de críticas: ¿pantallas más grandes, un reloj conectado y pagos móviles? Vale, pero… ¡todo eso ya existe! Parece que Apple llega tarde. Samsung ya había ofrecido teléfonos con pantallas gigantes, Motorola un reloj Moto 360 en 2014 y Google su sistema de pago móvil Google Wallet en 2011. Entonces, ¿puede Apple seguir siendo considerado el pionero que fue en el momento de la creación del primer ordenador?

Lo cierto es que, comparada con sus competidores, la empresa lleva cada vez un poco más lejos los desarrollos de los productos que comercializa. Apple Pay, por ejemplo, se diferencia por el grado de confidencialidad que asegura a sus usuarios durante las compras en línea. Lo que se busca ante todo es la innovación a través de la diferenciación: hacer mejor lo que ya existe y posicionarse como líder en calidad. Y la estrategia ha dado sus frutos hasta ahora.

No obstante, hay que preguntarse si esta estrategia no está perdiendo fuerza. En la actualidad, la calidad de los productos de Apple tan solo es ligeramente superior a la del resto de dispositivos del mercado, pero estos cuestan mucho más.

Además, el márquetin orientado al deseo defendido por Apple crea unas expectativas cada vez mayores por parte del consumidor, que busca productos innovadores. Decepcionarlo significa perderlo.

En un artículo publicado en 2012 en el periódico belga *La Libre Belgique*, Nathalie Van Laethem, experta en márquetin en Cegos, nos recuerda que «Apple ya no tiene la imagen de forastero, de empresa en crecimiento que sacude los códigos y el liderazgo de los gigantes de la informática»[1] (Laethem en La Libre Belgique 2012). Y esto se debe a que la empresa es ahora uno de ellos. Añade que, aunque esto hace que la empresa esté «muy expuesta»[2] (*ib.*) a las críticas, actualmente consigue lograr que «las noticias negativas desaparezcan enseguida del panorama de actualidad»[3] (*ib.*).

---

1. Cita traducida por 50Minutos.es
2. Cita traducida por 50Minutos.es
3. Cita traducida por 50Minutos.es

OPORTUNIDADES Y AMENAZAS: ¿QUÉ FUTURO LE ESPERA A APPLE?

A pesar de que, a día de hoy, Apple es fuerte y competitivo debido a su impecable calidad y diseño, lo cierto es que sobre la empresa pesan algunas amenazas. En primer lugar, sus competidores se están haciendo cada vez más fuertes y potentes; algo que podemos observar a través de la evolución de las cifras de cada empresa (con Samsung como líder del sector de la telefonía). En segundo lugar, con la excepción de 2015 y 2014, parece que la financiación de Apple en I+D tan solo constituye una pequeña parte de los gastos. Esto explicaría la baja diferenciación de los productos Apple en el mercado. Por último, estos siguen siendo productos muy caros y muy cerrados (formatos propietarios para música, libros digitales, aplicaciones, cables, etc.).

Mientras que algunos cuestionan la prosperidad a largo plazo de la empresa con sede en Cupertino, otros son más optimistas y vislumbran un futuro mejor. Este es el caso de dos analistas de Cantor Fitzgerald (banco de inversión estadounidense), Brian White e Isabel Zhu, que basan su razonamiento en el volumen de negocio actual de Apple y en las oportunidades potenciales que tiene la compañía de expandirse en un mercado más amplio. Observan que tanto su volumen de negocio como sus beneficios aumentan constantemente. Ahora bien, mientras su volumen de negocio aumente y su sector de actividad crezca (televisión, robótica y, por qué no, automoción), Apple debería mantenerse a la vanguardia del mercado, prometiendo un futuro brillante para sus empleados en todo el mundo.

EN RESUMEN

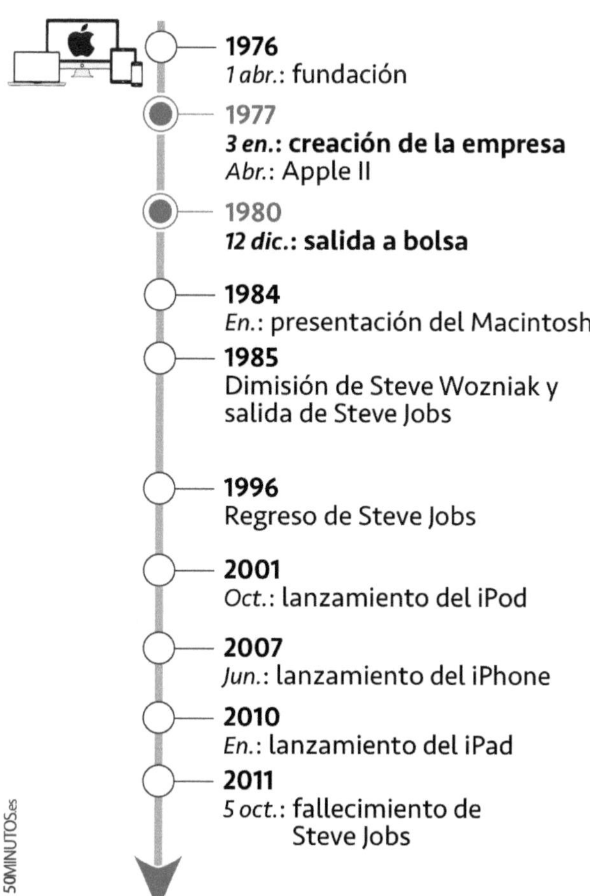

1976
1 abr.: fundación

1977
3 en.: **creación de la empresa**
Abr.: Apple II

1980
12 dic.: **salida a bolsa**

1984
En.: presentación del Macintosh

1985
Dimisión de Steve Wozniak y
salida de Steve Jobs

1996
Regreso de Steve Jobs

2001
Oct.: lanzamiento del iPod

2007
Jun.: lanzamiento del iPhone

2010
En.: lanzamiento del iPad

2011
5 oct.: fallecimiento de
Steve Jobs

Apple es:

- una empresa de informática creada por Steve Wozniak, Steve Jobs y Ron Wayne en 1976 en Cupertino, en los Estados Unidos;
- la empresa que inventa el primer ordenador personal, además de una larga serie conocida como Macintosh y más tarde como iMac;
- Steve Jobs, un hombre único y carismático, cofundador y más tarde presidente general de la empresa;
- la compañía del secreto, la extravagancia y el deseo;
- la innovación a través de una estrategia de diferenciación, cristalizada en el lema «Think different»;
- 34 000 iPhones vendidos cada hora durante los primeros tres meses posteriores al lanzamiento del producto;
- la marca más deseada del mundo.

¡Tu opinión nos interesa!
¡Deja un comentario en la página web de tu librería en línea,
y comparte tus favoritos en las redes sociales!

PARA IR MÁS ALLÁ

FUENTES BIBLIOGRÁFICAS

- A., Jean-Baptiste. 2015. "Apple: 49,6 milliards de dollars de chiffre d'affaires pour le 3e trimestre fiscal 2015". *iPhone Addict*. 21 de julio. Consultado el 25 de octubre de 2017. http://iphoneaddict.fr/post/news-158732-apple-496-milliards-dollars-chiffre-daffaires-3e-trimestre-fiscal-2015

- AFP. 2013. "Le bénéfice net d'Apple en baisse pour la première fois en onze ans". *Libération*. 29 de octubre. Consultado el 25 de octubre de 2017. http://www.liberation.fr/economie/2013/10/29/le-benefice-net-d-apple-en-baisse-pour-la-premiere-fois-en-onze-ans_943064

- AFP. 2014. "Apple, 10 millions d'iPhone 6 écoulés en trois jours, un record". *RTBF*. 22 de septiembre. Consultado el 25 de octubre de 2017. http://www.rtbf.be/info/economie/detail_apple-10-millions-d-iphone-6-ecoules-en-trois-jours-un-record?id=8361530

- Amiot, Maxime y Benoît Georges. 2012. "Apple et les limites de la culture du secret". *Les Échos*. 23 de mayo. Consultado el 25 de octubre de 2017. http://www.lesechos.fr/23/05/2012/LesEchos/21190-

068-ECH_apple-et-les-limites-de-la-culture-du-secret.htm

- Apple, "Creating Jobs Through Innovation", 2015. Consultado el 5 de diciembre de 2015. http://www.apple.com/about/job-creation/

- Auffray, Christophe. 2009. "Il y a 12 ans: Microsoft et Apple s'alliaient". *ZDNet.fr*. 6 de agosto. Consultado el 25 de octubre de 2017. http://www.zdnet.fr/actualites/il-y-a-12-ans-microsoft-et-apple-s-alliaient-39704077.htm

- Bajarin, Tim. 2012. "6 Reasons Apple Is So Successful". 7 de mayo. Consultado el 25 de octubre de 2017. http://techland.time.com/2012/05/07/six-reasons-why-apple-is-successful/

- Beatti, Andrew. 2015. "Apple's Key Weaknesses". *Investopedia*. 27 de julio. Consultado el 27 de octubre de 2017. http://www.investopedia.com/articles/investing/072715/apples-key-weaknesses.asp?layout=infini&v=2A

- Beatti, Andrew. 2015. "Which Is Better: Dominance or Innovation?". *Investopedia*. Julio. Consultado el 27 de octubre de 2017. http://www.investopedia.com/articles/stocks/08/dominance-innovation.asp?layout=infini&v=2A

- Bembaron, Elsa. 2015. "Samsung à la peine face à l'iPhone 6 d'Apple". *Le Figaro*. 3 de febrero. Consultado el 27 de octubre de 2017. http://www.lefigaro.fr/secteur/high-tech/2015/01/29/32001-

20150129ARTFIG00302-samsung-a-la-peine-face-a-l-iphone-6-d-apple.php

- Biography.com, "Steve Wozniak Biography". Consultado el 25 de octubre de 2017. http://www.biography.com/people/steve-wozniak-9537334

- de Bourbon, Tristan. 2012. "Redécouverte: l'ordinateur a été inventé en 1836!". MyEurop.info. Febrero. Consultado el 2 de noviembre de 2017. http://fr.myeurop.info/2012/02/14/redecouverte-l-ordinateur-a-ete-invente-en-1836-4548

- Buchanan, Matt. "How Steve Jobs Made the Ipad Succeed When All Other Tablets Failed". *Wired*. 11 de febrero de 2013. Consultado el 25 de octubre de 2017. http://www.wired.com/2013/11/one-ipad-to-rule-them-all-all-those-who-dream-big-are-not-lost/

- Cabural, Marie. 2015. "Apple Inc. (AAPL) Future Prospects Are Brighter: Cantor". *ValueWalk*. 23 de julio. Consultado el 25 de octubre de 2017. http://www.valuewalk.com/2015/07/apple-inc-aapl-future-prospects-are-brighter/

- Cherki, Marc. "Apple, le modèle économique qui a fait ses preuves". *Le Figaro*. 27 de enero. Consultado el 25 de octubre de 2017. http://www.lefigaro.fr/societes/2010/01/27/04015-20100127ARTFIG00852-apple-le-modele-economique-qui-a-fait-ses-preuves-.php

- Curtis, Sophie. 2014. "Bill Gates: a History at Microsoft". *The Telegraph*. 4 de febrero de 2017.

Consultado el 25 de octubre de 2017. http://www.
telegraph.co.uk/technology/bill-gates/10616991/
Bill-Gates-a-history-at-Microsoft.html

- Darrow, Barb. 2015. "A first: Microsoft Inches
  Past IBM in Annual Revenue". *Fortune.* 5
  de agosto. Consultado el 25 de octubre
  de 2017. http://fortune.com/2015/08/05/
  microsoft-inches-past-ibm-in-revenue/

- Dickey, Megan Rose. 2013. "The Most Extreme
  Examples of Secrecy at Apple". *Business Insider.*
  22 de julio. Consultado el 25 de octubre de 2017.
  http://www.businessinsider.com/the-most-
  extreme-examples-of-secrecy-at-apple-2013-
  7?op=1&IR=T

- Dru, Jean-Marie. 2007. *La publicité autrement.*
  París: Gallimard.

- Duperron, Audrey. 2013. "Pourquoi Microsoft
  a un avenir plus radieux qu'Apple". *Express.* 25
  de agosto. Consultado el 25 de octubre de 2017.
  http://www.express.be/business/fr/technology/
  pourquoi-microsoft-a-un-avenir-plus-radieux-
  quapple/194751.htm

- Durand, Christophe, Jean-François Fili y Audrey
  Hénault. 2014. "Culture d'entreprise". *Culture
  Entreprise.* Consultado el 25 de octubre de 2017.
  http://culture.entreprise.free.fr/

- Encyclopedia.com, "Computers and Computer
  Industry", 2003. Consultado el 25 de octubre
  de 2017. http://www.encyclopedia.com/

doc/1G2-3401800971.html

- Entis, Laura. 2015. "Former Apple CEO John Sculley: This Is What Made Steve Jobs a Genius". *Entrepreneur.com*. 4 de marzo. Consultado el 25 de octubre de 2017. http://www.entrepreneur.com/video/243191

- Estimbre, Thomas. 2015. "Résultats financiers: Apple annonce des chiffres exceptionnels". *Presse Citron*. 28 de enero. Consultado el 25 de octubre de 2017. http://www.presse-citron.net/resultats-financiers-apple-annonce-des-chi-ffres-exceptionnels/

- Ferrand, Benjamin. 2015. "Quatre graphiques pour éclairer les résultats records d'Apple". *Le Figaro*. 28 de enero. Consultado el 25 de octubre de 2017. http://www.lefigaro.fr/secteur/high-tech/2015/01/28/32001-20150128ARTFIG00239-quatre-graphiques-pour-eclairer-les-resultats-records-d-apple.php

- Forbes. 2015. "#1 Apple". *Forbes*. Mayo. Consultado el 29 de noviembre de 2015. http://www.forbes.com/companies/apple/

- Forbes. 2015. "Apple: Too Big To Grow?". *Forbes*. Mayo. Consultado el 4 de diciembre de 2015. http://www.forbes.com/sites/greatspeculations/2015/05/28/apple-too-big-to-grow/

- Futura Sciences, "Logiciel". Consultado el 25 de octubre de 2017. http://www.futura-sciences.

com/magazines/high-tech/infos/dico/d/informatique-logiciel-561/

- Génération Branchée. 2015. "Apple publie ses résultats pour le troisième trimestre de 2015". *Génération Branchée*. 21 julio. Consultado el 25 de octubre de 2017. http://www.generationbranchee.com/wpp/default.aspx?post=2488

- Gibbs, Samuel. 2015. "Motorola Moto 360 (2015) Review: What the Original Should Have Been". *The Guardian*. 30 de octubre. Consultado el 25 de octubre de 2017. http://www.theguardian.com/technology/2015/oct/30/motorola-moto-360-2015-review-what-the-original-should-have-been

- Gilder, George. s. f. "Computer Industry". *Library of Economics and Liberty*. Consultado el 25 de octubre de 2017. http://www.econlib.org/library/Enc1/ComputerIndustry.html

- Grallet, Guillaume. 2012. "Apple, les coulisses de l'entreprise la plus secrète au monde". *Le Point*. 24 de marzo. Consultado el 25 de octubre de 2017. http://www.lepoint.fr/technologie/exclusif-apple-les-coulisses-de-l-entreprise-la-plus-secrete-au-monde-12-04-2012-1450919_58.php

- Griffin, Andrew y Antonia Molloy. 2015. "How Apple Became So Successful That Its Total Revenue Is Bigger Than the GDP of Some Countries". *Independent*. 28 de enero. Consultado el 25 de octubre de 2017. http://www.independent.co.uk/news/business/analysis-and-features/

how-apple-become-so-successful-that-its-total-revenue-is-bigger-than-the-gdp-of-some-countries-10007454.html

- Grossman, Lev. 2007. "Invention of the Year: the iPhone". *Times*. 1 de noviembre. Consultado el 25 de octubre de 2017. http://content.time.com/time/specials/2007/article/0,28804,1677329 1678542 1677891,00.html

- IDC, "Smartphone Vendor Market Share, 2015 Q2", 2015. Consultado el 28 de noviembre de 2015. http://www.idc.com/prodserv/smartphone-market-share.jsp

- Intel, "Robert Noyce, Statesman of Silicon Valley", 2015. Consultado el 25 de octubre de 2017. http://www.intel.com/content/www/us/en/history/museum-robert-noyce.html

- Joux, Alexandre. 2012-2013. "L'innovation en circuit fermé: le modèle Apple face à ses limites". *La revue européenne des médias et du numérique.* Consultado el 25 de octubre de 2017. http://la-rem.eu/2012/12/21/linnovation-en-circuit-ferme-le-modele-apple-face-a-ses-limites/

- Jurevicius, Ovidijus. 2015. "Apple SWOT Analysis 2015". *Strategic Management Inside*. Noviembre. Consultado el 29 de noviembre de 2015. http://www.strategicmanagementinsight.com/products/swot-analyses/apple-swot-analysis-2014.html

- Kosoff, Maya. 2015. "11 Mind-Blowing Facts About Apple That Show Just How

Massive the Company Really Is". *Business Insider*. 30 de octubre. Consultado el 25 de octubre de 2017. http://uk.businessinsider.com/crazy-facts-about-apple-2015-10?r=US&IR=T

- Krugman, Paul. 2013. "On the Symmetry Between Microsoft and Apple". *The New York Times*. 24 de agosto. Consultado el 25 de octubre de 2017. http://krugman.blogs.nytimes.com/2013/08/24/on-the-symmetry-between-microsoft-and-apple/?_r=1

- L'Express. 2012. "Apple: les coulisses de l'entreprise la plus secrète au monde". Fragmento de *Inside Apple*, de Adam Lachinsky. *L'Express*. 11 de abril. Consultado el 25 de octubre de 2017. http://lentreprise.lexpress.fr/rh-management/inside-apple-1-retrouver-l-esprit-d-une-start-up_1537706.html

- La Libre Belgique. 2012. "Apple et les limites du marketing de la rumeur". *La Libre Belgique*. 14 de septiembre. Consultado el 25 de octubre de 2017. http://www.lalibre.be/economie/actualite/apple-et-les-limites-du-marketing-de-la-rumeur-51b8f0e6e4b0de6db9c7e51e

- La Tribune. 2010. "Le succès de l'iPad dépasse celui de l'iPhone". *La Tribune*. 7 de octubre. Consultado el 25 de octubre de 2017. http://www.latribune.fr/technos-medias/electronique/20101007trib000556828/le-succes-de-l-ipad-depasse-celui-de-l-iphone.html

- Laporte, Christophe. 2011. "Comment Apple a préservé le secret autour de l'iPad". *Igeneration*. 9 de septiembre. Consultado el 25 de octubre de 2017. http://www.igen.fr/ipad/comment-apple-preserve-le-secret-autour-de-l-ipad-59352

- Le Figaro. 2014. "Sortie de l'iPhone 6 et 6 Plus: de l'attente et des ruptures de stock". *Le Figaro*. 19 de septiembre. Consultado el 25 de octubre de 2017. http://www.lefigaro.fr/secteur/high-tech/2014/09/19/32001-20140919ARTFIG00059-sortie-de-l-iphone-6-et-6-plus-interminables-files-d-attentes-devant-les-apple-store.php

- Le Monde. 2015. "Porté par le vent d'iPhone, Apple annonce un chiffre d'affaires en forte hausse". *Le Monde*. 27 de octubre. Consultado el 25 de octubre de 2017. http://www.lemonde.fr/entreprises/article/2015/10/27/porte-par-les-ventes-d-iphone-apple-annonce-un-chiffre-d-affaires-en-forte-hausse_4798059_1656994.html

- Les Échos. 2012. "Apple a réalisé 156 milliards de chiffre d'affaires sur son exercice fiscal 2012". *Les Échos*. 26 de octubre. Consultado el 25 de octubre de 2017. http://www.lesechos.fr/26/10/2012/LesEchos/21300-128-ECH_apple-a-realise-156-milliards-de-dollars-de-chiffre-d-affaires-sur-son-exercice-fiscal-2012.htm

- Maccoby, Michael. 2000. "Narcissistic Leaders: The Incredible Pros, the Inevitable Cons". *Harvard Business Review*. Enero-febrero. Consultado el 25 de octubre de 2017. http://www.maccoby.com/

Articles/NarLeaders.shtml

- Marché public, "Génération de système cellulaire 2G". Consultado el 25 de octubre de 2017. http://www.marche-public.fr/Terminologie/Entrees/2G.htm

- Menguy, Eric. 2014. "IBM, Microsoft, HP: 'Pourquoi les dinosaures de l'informatique vont disparaître'". *Le Monde*. 30 de enero. Consultado el 25 de octubre de 2017. http://www.lemonde.fr/economie/article/2014/01/30/pourquoi-les-dino-saures-de-l-informatique-sont-en-train-de-dispa-raitre_4357188_3234.html

- Mourdoukoutas, Panos. 2012. "Can Microsoft Adopt Apple's Business Model?". *Forbes*. Octubre. Consultado el 5 de diciembre de 2015. http://www.forbes.com/sites/panosmourdoukoutas/2012/10/10/can-microsoft-adopt-apples-business-model/

- MyEurop.info. 2012. "Redécouverte: l'ordinateur a été inventé en 1836!". *MyEurop.info*. 10 de febrero. Consultado el 25 de octubre de 2017. http://fr.myeurop.info/2012/02/14/redecouverte-l-ordi-nateur-a-ete-invente-en-1836-4548

- Nelzin, Anthony. 2010. "Résultats Apple: 20 milliards de dollars". *Mac Génération*. 18 de octubre. Consultado el 25 de octubre de 2017. http://www.macg.co/aapl/2010/10/resultats-apple-20-milliards-de-dollars-80284

- Noren, Eric. 2013. "Analysis of the Apple Business

Model". *Digital Business Models*. 18 de febrero. Consultado el 25 de octubre de 2017. http://www. digitalbusinessmodelguru.com/2013/02/analysis-of-apple-inc-business-model.html

- Ondrus, Jan. 2014. "Late-mover: une stratégie viable pour Apple?". *Les Échos*. 12 de septembre. Consultado el 25 de octubre de 2017. http:// archives.lesechos.fr/archives/cercle/2014/09/12/ cercle_108714.htm

- Overland, Brian. 2003. "Computers and Computer Industry". *Encyclopedia.com*. Consultado el 2 de noviembre de 2017. http:// www.encyclopedia.com/history/dictiona-ries-thesauruses-pictures-and-press-releases/ computers-and-computer-industry

- Poulain, Laurent. 2009. "La culture Apple". *Désélection naturelle*. 26 de junio. Consultado el 25 de junio de 2017. https://deselection.wordpress. com/2009/06/26/la-culture-apple/

- Richaud, Nicolas. 2015. "Apple derrière l'iPhone, la chute de l'iPad et le flou Apple Watch". *Les Échos*. 28 de octubre. Consultado el 25 de octubre de 2017. http://www.lesechos.fr/tech-medias/ hightech/021436898682-apple-derriere-liphone-la-chute-de-lipad-et-le-flou-apple-watch-1170013. php#

- Ritchie, Rene. 2013. "History of iPad (Original): Apple Makes the Tablet Magical and Revolutionary". *Drippler*. 21 de octubre. Consultado el 25 de octubre de 2017. http://www.imore.com/history-ipad-2010

- Roddick, Anita. 2004. "Nos bureaux sont à mi-chemin entre le campus et le kibboutz". *Les Échos*. 27 de enero. Consultado el 25 de octubre de 2017. http://www.lesechos.fr/27/01/2004/LesEchos/19081-061-ECH_anita-roddick-----nos-bureaux-sont-a-mi-chemin-entre-le-campus-et-le-kibboutz--.htm

- Sadeghi, Sharam. 2012. *Defensive Strategy. Apple's Overlooked Key to Success*. Berlín: Epubli.

- Savov, Vlad. 2014. "Apple announces iOS 8 with widgets and OS X Continuity". *The Verge*. 2 de junio. Consultado el 25 de octubre de 2017. https://www.theverge.com/2014/6/2/5772600/ios-8-features-and-release-date

- Spicer, Dag. 2011. "Steve Jobs: From Garage to World's Most Valuable Company". *Computer History Museum*. 2 de diciembre. Consultado el 25 de octubre de 2017. http://www.computerhistory.org/atchm/steve-jobs/

- Statista, "Facts and Statistics on Apple", 2015. Consultado el 25 de octubre de 2017. http://www.statista.com/topics/847/apple/

- Travlos, Darcy. 2015. "Apple: Product Commoditization?". *Forbes*. Mayo. Consultado el 5 de diciembre de 2017. http://www.forbes.com/sites/darcytravlos/2012/05/15/apple-product-commoditization/

- Universalis, "Système d'exploitation, informatique", 2015. Consultado el 25 de octubre de 2017. http://www.universalis.fr/encyclopedie/systemes-d-exploitation-informatique/

- Valeurs Corporate, "Permettre de se différencier", 2011. Consultado el 25 de octubre de 2017. http://www.valeurscorporate.fr/2011/07/permettre-de-se-differencier/

- Van Laethem, Nathalie. 2012. "Apple: Stratégie marketing d'innovation ou stratégie industrielle?". *Cegos. Marketing Stratégie.* Marzo. Consultado el 25 de octubre de 2017. http://www.marke-ting-strategie.fr/2012/03/06/strategie-marketing-apple-et-le-marketing-de-la-rarete/

- Wayne, Ronald. "Why I Left Apple Computer After Only 12 Days, in My Own Words". *Facebook.* 22 de febrero. Consultado el 25 de octubre de 2017. https://www.facebook.com/RonGWayne/posts/370073493010333

- Weissman, Jordan. 2014. "If Apple Products Were Their Own Companies, They'd Be as Big as...". *Slate.* 22 de Julio. Consultado el 25 de octubre de 2017. http://www.slate.com/blogs/moneybox/2014/07/22/apple_earnings_iphone_re-venues_are_as_big_as_amazon.html

- Williams, Benjamin y Justin Owlett. 2012. "Apple Business Strategy Under Steve Jobs". *Apple's Use of Litigation as a Business Strategy and the Ripple Effects on the Mobile Marketplace.* https://faculty.

ist.psu.edu/bagby/432f12/t11/apple-business-stra-
tegy-under-steve-jobs.html

- Yarow, Jay. "This Is the Product That Predicts
  the Future of Apple". *Buisness Insider*. 18
  de agosto. Consultado el 25 de octubre de
  2017. http://www.businessinsider.com/
  the-mac-predicts-the-future-of-apple-2014-8?IR=T

FUENTES COMPLEMENTARIAS

- Clarín. 2007. "El iPhone fue el mejor invento del
  2007, según la revista Time". *Clarín*. 2 de noviembre. Consultado el 25 de octubre de 2017.https://
  www.clarin.com/ultimo-momento/iphone-me-
  jor-invento-2007-revista-time_0_ByMXG1y0tg.
  html

- Escobar, Mario. 2012. *Los doce legados de Steve Jobs*.
  LID Editorial Empresarial.

- Gillam, Scott. 2012. *Steve Jobs: Apple iCon*.
  Minnesota: ABDO Publishing.

- Isaacson, Walter. 2011. *Steve Jobs*. París: JC Lattès.

- Lachinsky, Adam. 2012. *Inside Apple. Dans les
  coulisses de l'entreprise la plus secrète au monde*.
  París: Dunod.

FUENTES ICONOGRÁFICAS

- Macintosh 128K, lanzado en enero de 1984. La

imagen reproducida está libre de derechos.

- iMac G5, lanzado en septiembre de 2004. La imagen reproducida está libre de derechos.

- iPod Classic, originalmente lanzado bajo el simple nombre de iPod en octubre de 2001. La imagen reproducida está libre de derechos.

- iPhone de primera generación, lanzado el 29 de junio de 2007. La imagen reproducida está libre de derechos.

PELÍCULAS Y VÍDEOS

- "Apple – Think different – Full version", vídeo en YouTube, publicado por "Kreftovich", 21 de agosto de 2010, https://www.youtube.com/watch?v=cFEarBzelBs

- "L'Histoire d'Apple en motion Design", vídeo en Vimeo, publicado por "2FACTORY", 2012, https://vimeo.com/66681850

- "Steve Jobs Introducing iPhone at MacWorld 2007", vídeo en YouTube, publicado por "Superapple4ever", 2 de diciembre de 2010, https://www.youtube.com/watch?v=x7qPAY9JqE4

- "The First iMac Introduction", vídeo en Youtube, publicado por "JoshuaG", 30 de enero de 2006, https://www.youtube.com/watch?v=0BHPtoTctDY

- "Macworld Boston 1997-The Microsoft Deal",

vídeo en Youtube, publicado por "JoshuaG", 29 de enero de 2006, https://www.youtube.com/watch?v=WxOp5mBY9IY&feature=youtu.be

- *Jobs*. Dirigida por Joshua Michael Stern, con Ashton Kutcher. Estados Unidos: Open Road Films, Five Star Institute, Venture Forth, Endgame Entertainment y Silver Reel, 2013.

- *Piratas Silicon Valley*. Dirigida por Martyn Burke, con Noah Wyle y Anthony Maichael Hall. Estados Unidos: Turner Network Television (TNT), 1999.

50MINUTOS.es
Historia
Economía y empresa
Coaching
Book Review
Salud y bienestar
Arte y literatura
EL DIAGRAMA DE ISHIKAWA
Material Método Máquina
Madre Naturaleza Medida Hombres
LA GUERRA DE PALESTINA DE 1948
DOMINA EL ARTE DEL NETWORKING
¡APRENDER NUNCA ANTES FUE TAN RÁPIDO!
www.50minutos.es